AF436386

28 de marzo de 2014: el día que

MURIÓ PELÉ

Torre, Carlos Alejandro

Murió Pelé / Carlos Alejandro Torre;
Francisco Godinez Galay. -
1ª Ed. - Ciudad Autónoma de Buenos Aires :
BSM Libros, 2018. / 100 p. ; 21 x 15 cm.

ISBN 978-987-28105-3-5

1. Comunicación. 2. Internet. 3. Flujo de Noticias. I. Godinez Galay, Francisco
II. Título
CDD 302.231

PREFACIO

El mundo se mueve a través de las historias. Narrarlas es dejar constancia de ellas.

Este libro no es ni más ni menos que eso. La intención de fijar una historia mínima que se hizo grande; una anécdota que se convirtió en un suceso, que viene con la posibilidad de pensar nuestra sociedad actual, hacernos preguntas, polemizar incluso con lo que nosotros mismos creíamos hace un instante.

Hablamos de fake news, de posverdad, de redes sociales, transformaciones tecnológicas, la digitalización de la cultura. Pero pocas veces eso aparece de forma tan en carne viva como al describirlo con una historia. Real, concreta, irrisoria; también confusa, evanescente, contradictoria. Como todas las historias y como todos nuestros recuerdos.

Este libro es la historia de un hecho. De su gestación, de sus protagonistas, de su impensable desarrollo, de su sorprendente viraje y las consecuencias que acarreó. Pero sobre todo es una anécdota, una broma, un juego. Un chiste tan serio como contar la historia del día en que murió Pelé.

Con ustedes, los documentos...

NEW DAY
New Day
@NewDay
#BREAKING: Brazilian former soccer player Pele dies at 74 pic.twitter.com/zwbNnxtCYw
9:43am · 28 Mar 14 · web

El 28 de marzo de 2014, cerca de las 13.30 h GMT, la cadena de noticias CNN, en su programa New-Day, da a conocer la muerte del astro del fútbol brasileño Edson Arantes do Nascimento "Pelé". Así lo hacía público en su cuenta oficial de twitter @NewDay:

"#BREAKING: Brazilian former soccer player, Pelé, dies at 74".

Minutos más tarde, la misma cadena pedía disculpas públicamente ante el error cometido:

¿Qué llevó a una cadena internacional de noticas como CNN a cometer semejante error? Un plan meticuloso, bien orquestado y llevado a cabo con suma perfección.

A continuación podrán leer por primera vez la verdadera historia de este golpe, mediante testimonios de algunos de los participantes de esa operación que, bajo estricto anonimato, revelan detalles de cómo se gestó y ejecutó una operación mediática que supo mantener -al menos por unas horas- sin vida a la singular figura del deporte mundial.

NO MIENTAN MAS

La posverdad no existe. Pero está en boga. Es una forma elegante y glamorosa de seguir nombrando un concepto al que se lo quiere vestir con ropas de moda. La posverdad es una posverdad porque describe algo que no es nada. En todo caso, nombra de un modo nuevo lo que conocemos desde siempre: *la mentira.*

Siempre hubo una "preposverdad". La Humanidad ha convivido con la mentira como una parte indisociable de su identidad. La mentira, junto a otras argucias, le ha permitido al ser humano mantenerse con vida. La interacción social propia de su capacidad de lenguaje y raciocinio originan la comunicación, esa entidad que es producto de las formas sofisticadas del pensamiento y de las posibilidades sonoras e interpretativas que la evolución fisiológica ha brindado al homínido. La comunicación deja en bandeja a la mentira: la tentadora experiencia de decir algo que no ocurrió para generar una consecuencia en el Otro es demasiado fuerte como para no emplearla. Máxime cuando se dimensiona como un recurso para salvarse de una situación indeseada.

El límite es la ética y la moral (éticas y morales), marcos normativos que van desde lo implícito intrínseco al Contrato Social hasta lo más explícito constructor de leyes y castigos. Amenazas de violencia. Ambos tipos de marco y todos los intermedios no son entidades fijas para siempre. Son también creaciones humanas y, por lo tanto, más o menos arbitrarias, más o menos originadas en algún momento y lugar, más o menos plausibles de ser alteradas y enfrentadas.

La cultura, como un organismo vivo imposible de asir y de cristalizar de un *hoy* hacia un *para siempre*, se mueve constantemente y va corriendo los parámetros de aquello que puede considerarse como el bien o el mal. Los pruritos morales y las amenazas de castigo por infringir un texto (ley), funcionan de barrera entre el libre albedrío de un individuo y el daño que esto pueda provocar a un otro o a un lugar.

Sin embargo, la Humanidad es una concatenación de daños. Evidentemente la sanción, ya sea punitiva-legal como religiosa, no ha sido suficiente para proteger a la organización social de desavenencias, desvíos, amenazas. Cada desvío en la conducta de un individuo es capaz de poner en jaque toda la organización humana en cuanto a la efectividad de los controles inventados por el Hombre: ¿de qué ha servido la moral para evitar el nacimiento del nazismo? ¿Qué ha logrado la ley para evitar la bomba atómica?

En tanto construcciones humanas, la moral y la ley son respetadas pero con un contrato tácito cuya letra chica pareciera decir: ¿Quién me obliga a respetar esto? No son preceptos de la naturaleza, sino decisiones de hombres y mujeres que se convierten en verdades reveladas, pero cuya transgresión no siempre genera una consecuencia negativa para el transgresor. La moraleja, en ese caso, es clara: no es imposible la transgresión; es solo inadecuada o indeseada. Luego, aparecen las variables de la interpretación, el tiempo y el espacio.

La **interpretación**, porque aquello que la moral o la ley dictan, nunca son textos claros que resistan lecturas divergentes (y hasta incluso contradictorias). Los ejemplos sobran: no existirían abogados ni jueces si la ley fuera un texto indudable. Es necesario interpretarlo, y eso revela su debilidad. Y con la debilidad, sumada a la conciencia de ser un instrumento humano y no divino ni natural, viene la sospecha de su inconsistencia y de la posibilidad de no respetarla.

El **tiempo**, por otro lado, solo ha causado estragos sobre estas frágiles herramientas que se basan más en la fe que en lo concreto. Sí, la fe religiosa en la moral, y la fe atea en la ley: ambos son discursos humanos construidos. Como también lo es la ciencia, o la propia naturaleza vista desde la perspectiva humana. El tiempo, volvemos, se expresa en las modificaciones culturales constantes en la Humanidad. Lo que hoy nos parece una aberración, hace cien años era una práctica normal. ¿Cómo creer, entonces, que alguna de las dos perspectivas sea lo necesariamente fija, contundente e inalterable como para creer ciegamente en ella? ¿Por qué está bien lo que hacemos ahora y que ha modificado lo anterior, si eso anterior era visto en su momento como el bien?

Lo mismo sucede con el **espacio**, incluso en un mismo tiempo. Algo que está bien en un lugar, no lo está en otro. Y no solo separándonos por miles de kilómetros, idiomas, religiones. Por citar un ejemplo, si cruzamos la Avenida General Paz, límite de la Ciudad de Buenos Aires con la Provincia de Buenos Aires, allí hay cosas que están permitidas y en la propia ciudad no. ¿Cuál será el sentido de esto? ¿Cómo aferrarnos tanto a esas verdades cuando son tantas, tan distintas y tan enfrentadas entre sí?

La posverdad no es otra cosa que la mentira, revestida de un nuevo hálito cool que le permite ser sin tanta vergüenza. Nunca nos reconoceríamos mentirosos, sino más bien dueños de "nuestra" verdad, y participantes de un ecosistema de múltiples verdades en donde claro, algunas de ellas no pueden convivir pues se anulan. Y para ello creamos el concepto de posverdad, para velar tras su lindo sonido un escenario en el que la Verdad, con mayúscula, pocas veces es algo asible, aunque exista en algún lado. La verdad a la que podemos acceder, se junta con muchas verdades y evidencian nuestro total desconocimiento e incapacidad de acceder a la Verdad del mundo. Por eso es que la posverdad también nombra a la ignorancia. La experiencia humana, por definición, queda en la superficie de las verdades con minúscula, aquellas que por pudor y porque es un golpe al antropocentrismo, preferimos llamar verdades y posverdades para ocultar una vez más, que algo escapa a nuestra comprensión y control. Posverdad es sinónimo velado de mentira e ignorancia ante el fracaso de la Humanidad en acceder a la Verdad y controlarla. Se nombra de una forma positiva para no admitir del todo explícitamente la derrota. La vida humana, por lo tanto, se desarrolla muy lejos de la Verdad, no siendo otra cosa, por ende, que un entretejido de verdades; es decir, una mentira. ¿Cómo culpar entonces a un grupo que lanza a la red una mentira? Solo nos estaban llamando la atención sobre la fragilidad de los

contratos de confianza, éticos, morales y -más allá de que no se lo
hayan propuesto a ciencia cierta con estos fines- sobre lo absurdo
de los cimientos sobre lo que se apoya todo lo que somos.

LA GRAN MENTIRA

Nos encontramos en algún lugar de la ciudad de **Montevideo**, que por pedido expreso de los entrevistados lo mantendremos en reserva. Separados por diez minutos de diferencia, de a uno van llegando cuatro de los miembros de este grupo activista sin fines de lucro ni ideales a reivindicar. Que se cargó a Pelé por unas horas, y que simplemente actúan en función de -como lo denominó uno de ellos- *"la vida misma"*.

Tras algunas bromas sobre quién podría llegar a ser la próxima víctima de este comando virtual, comenzamos la charla.

Aquí, parte de la historia...

Anón #1:

-Ahora viniendo para acá, haciendo memoria sobre todo esto, me acordé que la génesis de esta idea surgió ya hace mucho tiempo. Allá por el año 1995/96 a mi se me había ocurrido -a modo de broma- sorprender a mis amigos dejando caer así como si tal cosa y con un gesto de sorpresa una noticia: "... bo, murió Frank Sinatra".
Eso no era verdad, por lo menos hasta ese momento. Tirabas esa muy seriamente y por un rato convencías a la gente de que había ocurrido realmente. Era una época aún donde chequear una noticia todavía no era tan fácil, que no podías googlearlo siquiera.

Anón_#1 señala algo clave. Vivimos en la Era de la Información, aquella en donde se vaticinó que lo que movería al mundo sería lo inmaterial. Las fábricas más exitosas y rentables, son aquellas que producen todo lo que no se puede tocar: información, ideas, experiencias, promesas (la industria financiera produce promesas de dinero; el dinero mismo es una promesa de valor).

La palanca del planeta es la información. La Tercera Guerra Mundial empezó hace rato: se desarrolla todos los días en las tapas de los diarios, en los tuits de los líderes mundiales, en las sospechas y rumores, en las alzas y caídas de la bolsa (números de uno o dos dígitos que determinan la concatenación de una serie de acontecimientos pero que no expresan algo ni medianamente real). Todo es información.

En esta época que nos toca, entonces, vivimos sumergidos en un mar de información: aquella que vamos a buscar deliberadamente, la podemos encontrar con unos pocos clicks. Aquella que no queremos obtener, también nos llega indefectiblemente: podríamos cantar enteras las canciones de moda sin haber decidido escucharlas ni una vez, y sin recordar haberlo hecho. La información nos entra por los poros.

Ahora bien, ese mar de información, de tan completo es ruido. Seiscientos diez mil resultados arroja Google cuando uno busca *"Manteca Martínez"*. No puede haber tanto para decir sobre el otrora goleador. No es posible registrar ni asimilar tanta información sobre un solo tema. De esos seiscientos diez mil resultados nos interesarán dos o tres, los primeros; con eso ya sabemos quién es el Manteca.

¿Qué pasa con los otros cientos de miles? Varias cosas: basura, relleno, mentira y repetición. La mayoría serán resultados que se copian unos a otros: el valor de esa multiplicación de lo mismo en varios lugares nos relativiza la promesa de la diversidad. Habrá también muchísimas entradas sobre otros Martínez, otras mantecas: los problemas de la indexación y de la inteligencia artificial; los entendemos, convivimos con ellos, los desechamos hasta que un día nos confundan y hagamos pasar como parte de la biografía del Manteca la biografía de otro Martínez que nada tiene que ver con él; y así, transformemos la historia. Esa historia errónea, transformada y resignificada aparecerá también en el territorio digital; será el contenido seiscientos diez mil uno, y pasará a formar parte de las verdades sobre Manteca Martínez que encuentre el próximo que quiera averiguar sobre él.

Vivimos en un mar torrentoso de información, con poca pureza, que hay que saber identificar, que viene con mucha basura, y que de tanta, confunde y desinforma. La propia facilidad para acceder al archivo del mundo desde nuestra pantalla es su propio tiro por la culata: genera resquicios para la anomalía.

Hoy pareciera más complejo mentir: todo se puede chequear con una simple búsqueda. Pero esto tiene varios problemas. Por un lado, no hacemos esa búsqueda. Confiamos, confiamos, confiamos. Somos herederos y herederas de esa noción de objetividad, de ese halo de pureza que nos hicieron creer los medios masivos de comunicación. "Lo dijo la tele". No lo dijeron personas con intereses, equivocaciones e impericia; lo dijo la tele. Lo que aparece en los medios se cristaliza como verdad. Y ya vimos que para el ser humano, es imposible acceder a ella o determinarla. Internet hoy nos ofrece múltiples posibilidades de chequear una información, de acceder a un dato, pero sigue primando la confianza en que si algo se dijo, es porque es así: que ese chequeo ya lo hizo el medio o fantaseamos ingenuamente con que si alguien fue capaz de publicar algo es porque sabe de qué habla o porque lo mueve un impulso moral de compartir la verdad.

Hoy pareciera más difícil echar a rodar una mentira porque hay herramientas para desmentirla rápidamente. Sin embargo, como decíamos, primero confiamos. Y si no confiamos, es probable que encontremos dificultades para chequear: encontramos de todo en Internet; si queremos, podemos confirmarnos la idea que queramos con una simple búsqueda. Hay para todo.

Por otra parte, esa facilidad para acceder a información, es facilidad también para generarla. Y esa ha sido el arma del caso que aquí narramos, que no es otra cosa que un caso más que nos alerta sobre las fisuras del sistema. Hoy quizás esas mentiras duren menos que antes, pero aún es posible generarlas, y contamos con herramientas potentes y más sencillas que nunca. Luego entrarán en juego los insondables caminos del territorio digital que aún no nos permiten comprender completamente por qué algo llega a ser masivo, por qué algo perdura o impacta, ni cómo llega a hacerlo. Quizás la explicación más racional sea la magia.

Mundial de fútbol 2014

Fútbol | Fútbol Internacional | Mundial Fútbol | Brasil

'Matan' por error a Pelé en Twitter

El programa "New Day", de la red televisiva CNN, publicó hoy una falsa noticia en su Twitter (@newday) anunciando la muerte del "rey del fútbol" brasileño Pelé. El error fue corregido a la postre por el propio "New Day" que, tras ser advertido por sus propios seguidores, consultó a la asesoría del ex jugador y pudo confirmar que Pelé se encuentra "vivo y muy bien".

28/03/2014

Anón_#1:

*- La noticia venía de alguien que despertaba medianamente
cierta credibilidad y eso generaba que en la mente del tipo por un
instante se instalara realmente que Frank Sinatra había muerto.*

*Esto lo practicaba generalmente con amigos o conocidos pero
también en otras ocasiones con desconocidos, en momentos que se
prestaban para una charla informal con gente que nunca había visto, en la cola de algo por ejemplo, en una sala de espera, no sé, lugares así que quedás al pedo con alguien y de golpe sale una charla:
"Qué calor, eh? Qué frío, no? Cómo se murió Frank Sinatra, che, qué
pena...". Tiraba esa. Creo que ahí estaba la gracia mayor de la broma
-por lo menos para mí- y la génesis de lo que hicimos tiempo más
tarde. Internet nos dio la chance de poder llevar esto que yo hacía
-por ejemplo dentro de un ascensor- un poco más allá, hacerlo a otra
escala.*

*Tiempo después, años para ser preciso, decidí retomar la idea
en un blog que manejábamos junto con otros amigos -cómplices po-
drían ser llamados por la justicia hoy- y en un bloque de noticias
que tenía, un día anunciamos la muerte de Pelé. Era una broma que
habíamos empezado a hacer entre nosotros, una especie de reciclaje de aquella que hacía con Sinatra. Tuvo un éxito relativo, bueno,
éxito me refiero a la repercusión; Pelé seguía vivo. Algunos lo creye-
ron, unos festejaron, otros se enojaron luego de comprobar que no
era cierta la noticia y nos criticaron por hacer bromas de ese tipo*

y jugar con la muerte de personas que están vivas. Por mi parte no entendía la indignación, cuando en realidad deberías alegrarte por el milagro de la vida y en definitiva por la "resurrección".

Pasaron varias semanas después de ese intento y decidimos darle un poco más de "formalidad" al proyecto y llevarlo a otro nivel, sacarlo del ámbito del blog y exponerlo directamente en las redes sociales, básicamente en Twitter.

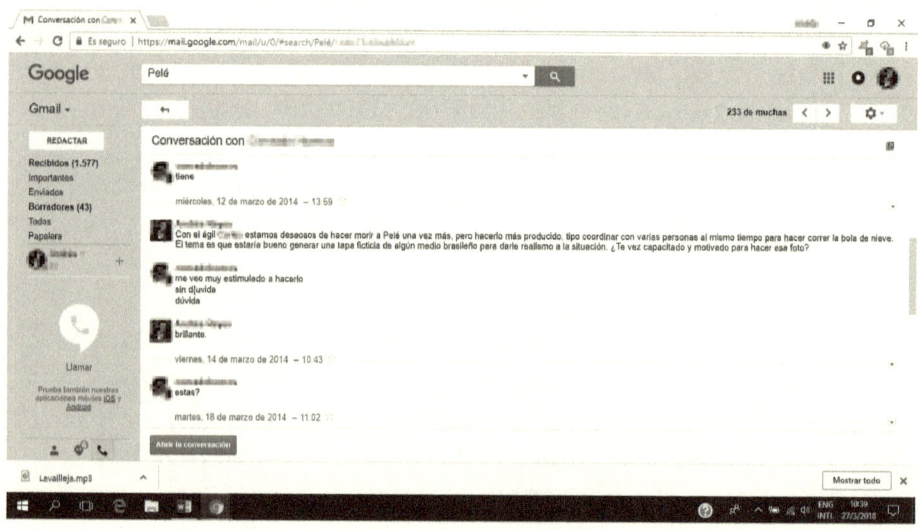

Conversación con

tiene

miércoles, 12 de marzo de 2014 – 13:59

Con el ágil estamos deseosos de hacer morir a Pelé una vez más, pero hacerlo más producido, tipo coordinar con varias personas al mismo tiempo para hacer correr la bola de nieve. El tema es que estaría bueno generar una tapa ficticia de algún medio brasileño para darle realismo a la situación. ¿Te vez capacitado y motivado para hacer esa foto?

me veo muy estimulado a hacerlo
sin d[uvida
dúvida

brillante.

viernes, 14 de marzo de 2014 – 10:43

estas?

martes, 18 de marzo de 2014 – 11:02

Anón_#4:

- ¿Cómo me invitaron a participar? En realidad no fue una invitación directa personal, sino que estas seis personas que terminamos haciendo esto, formamos parte de un grupo un poco más grande y ahí siempre se discutía el tema; siempre estaba arriba de la mesa el tema de que había que matar a Pelé en algún momento. Y bueno, ta, un día esa idea tomó fuerza y fue cuando decidimos empezar a hacer todo esto. ¿Qué pensé? Nada pensé en principio; que estaría buenísimo si salía como lo habían pensado.

Durante varios meses -el grupo que llevó a cabo este crimen virtual- se organizó y lo planeó todo. Se crearon varios perfiles de cuentas en Twitter fingiendo ser medios vinculados al deporte, posibles programas o publicaciones de carácter internacional que apuntaban a brindar información sobre deportes. Cuentas como GlobalSportsNews, SportsDuoOnline, LeFranceSportif, entre otras, comenzaron a hacer su trabajo silencioso, siguiendo cuentas importantes y referentes de la información deportiva internacional, retwitteando sus noticias, creando las suyas propias -obviamente copiando y pegando noticias de otros medios agregándole alguna imagen referencial- y así ir avanzando en la confianza del público y ganando seguidores.

Anón_#2:

- Lo primero que hicimos fue armar una cuenta de Twitter que sería como la raíz de la información, una cuenta principal bajo el nombre de @GlobalSportNews -un nombre super genérico, con su logo, su descripción inclusive: "Live sports news from around the globe. A GlobalMedia ™ partner".

De esta cuenta se irían alimentando el resto de las cuentas subsidiarias que habíamos armado y las cuales estaban administradas por diferentes miembros de nuestro grupo, también diseñadas e identificadas como pertenecientes a alguna red internacional de noticias deportivas. Una característica de todas las cuentas, es que todos los tweets que se posteaban eran en inglés, titulares de fútbol europeo, algunas noticias del fútbol sudamericano -pero solo noticias muy importantes de los clubes o directamente de las selecciones- pero sobre todo fútbol europeo y algo de NFL y otros deportes también. La operativa era sencilla: copiábamos noticias de las grandes cadenas deportivas y generamos nuestras propias noticias incorporándolas a nuestra timeline -con otra foto, ponele- cosa que paradójicamente fue lo que terminó haciendo que la operación llegara hasta donde llego gracias a la CNN.

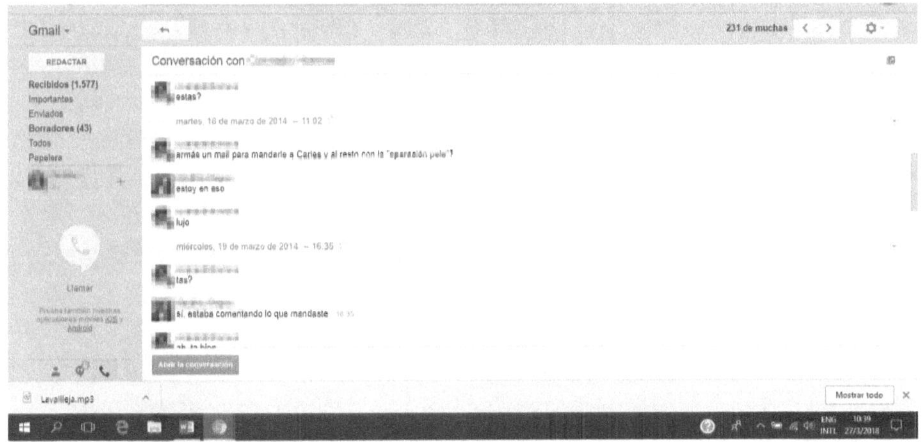

Anón_#4:

- Ufff... bueno, mi participación en el operativo Murió Pelé consistió en dos cosas: una era la logística de crear cuentas de Twitter falsas que respondían a medios de prensa deportivos, cuentas que tenían que ser ligadas a alguna agencia de prensa internacional, o darle un carácter por el estilo; que no fueran estrictamente de nuestro continente, el continente americano, el continente de todos, la Patria Grande...

También estuve encargado de hacer la gráfica para que esas cuentas luciesen como verdaderas: una estética normal de cualquier agencia de prensa internacional, con un nombre que fuese en inglés para justamente darle este tono de credibilidad. Creé una serie de cuentas con su respectiva gráfica y las fui distribuyendo a otros participantes que empezaran a alimentar esas cuentas con noticias y tratar de ganar seguidores para que fueran subsidiarias de una cuenta principal que es donde se iba a poner la noticia de la muerte de Pelé el día señalado. También fui administrador de una de ellas.

Los nombres de las cuentas sí los inventé yo. Yo y Anón_#2. Y su descripción también las hice yo. Y las dividimos entre todos los que participamos que fuimos seis, creo. Eran cinco cuentas más la cuenta principal que fue de donde se largó la noticia.

Anón_#2:

- Esta mecánica la fuimos repitiendo todos los días durante casi un mes y medio con la cuenta principal mientras las otras cuentas hacían lo mismo y a su vez retwitteaban las noticias de la cuenta principal. A todo esto además, hacíamos lo mismo con nuestras cuentas personales, cosa que ahora que lo veo y viendo el resultado final podría haber sido un error, pero por ahora, estamos todos libres. De esta forma empezamos a ganar seguidores, cosa que nos *sorprendió bastante: cómo en tan poco tiempo pudimos acceder a un número de seguidores considerable para lo que eran en realidad, cuentas con noticias deportivas que podrías leer en cualquier lado, pero lo más importante era que nos empezaran a seguir medios y eso insólitamente también estaba pasando.*

Anón_#4:

- Lo que más nos sorprendió fue que esas cuentas rápidamente empezaron a tener seguidores. No muchos, pero veíamos que la gente respondía a noticias que podían encontrar en cualquier lado. Eso marca que este mundo es cualquiera.

Pero esto era solo una parte del plan que ya tenía fecha y hora de ejecución, y sería el 28 de marzo de 2014 a las 13.00 h GMT. Paralelamente a esto, se preparó información complementaria que serviría de apoyo, material que con antelación se produjo y se haría viral también en su momento a la hora de lanzar la noticia principal: Pelé había muerto.

Anón_#2:

*- Paralelamente fuimos tomando capturas de pantallas de periódicos y medios brasileños vinculados con el deporte y de otros en general y empezamos a intervenirlas -photoshop mediante- agregándoles la supuesta noticia del momento: "Murió Pelé". Así creamos falsas portadas de medios como, **Jornal do Brasil**, **Globo.com** o **BBCSport**, donde se anunciaba la "tragedia", una noticia central con su correspondiente foto en blanco y negro (apostando al impacto emocional) y el clásico obituario más otras noticias menos destacadas pero relacionadas. Agregamos otras noticias con reacciones colaterales, como por ejemplo: Dilma Rousseff declarando duelo nacional, la FIFA hablando de la gran pérdida, etc.*

Yo trabajé durante ocho años en una agencia de noticias; escribí un montón de obituarios. Esto ayudó mucho a la hora de redactar la noticia y hacerla más real, al menos para los medios informativos, porque ese tipo de noticias tienen como un formato estándar, pre establecido y que por lo general usan todas las agencias. En el caso de este tipo de noticias se escribe: el deporte, el nombre y la edad del fallecido, es muy básico. Así que en nuestro caso ya sabíamos que el tweet que pondría fin a la vida del futbolista y daría comienzo a todo, iba a ser así:

"#BREAKING:
Brazilian former soccer player, Pelé, dies at 74".

Y finalmente llegó el día. Todo estaba listo para hacer que la noticia se hiciera pública y comenzar con los movimientos de difusión que se habían preparado previamente. Y así fue: se hicieron las 13.00 h GMT del 28 de marzo de 2014 y todo se puso en marcha, sin saber que ese día y esa hora -elegidos al azar- tenían guardada un sorpresa inesperada y que impulsaría todo el operativo a un lugar insospechado.

Anón_#3:

- Yo participé de todo esto, pero mi papel fue casi que secundario, fui un hilo muy pequeño. Esto se orquestó con otros miembros del grupo al que sí pertenecía pero como te dije lo mío fue un papel secundario. A mi me asignaron una cuenta falsa en Twitter, la cual alimentaba con noticias de otros medios y fundamentalmente lo que tenía que hacer era seguir a una cuenta específica creada por nosotros también que era la que generaba todas la noticias. La tenía que seguir y retuitear todo lo que publicaba. Todo con un fin, que era que el 28 de marzo a las 10 de la mañana se iba a tirar la noticia de la muerte de Pelé y ahí tenía que estar, como un soldado más, y ta, fue lo que hice.

Murió Pelé era un chiste recurrente dentro de nuestro grupo de amigos en donde casi todos los días alguien anunciaba que había muerto: "Bo, murió Pelé". Sabías que era mentira, pero al final alguien siempre terminaba chequeando, porque un día se va a morir Pelé. Y bueno, a partir de ahí surgió la idea de poder hacer de esta broma interna algo más grande y así fue. Yo administraba una cuenta francesa @NoSéQuéSportif, cualquier cosa, pero como te dije, yo un soldado, acaté las órdenes y le dimos para adelante. Se coordinó todo para un día, en la mañana de ese día se iba a publicar el tweet con el anuncio de la muerte de Pelé y nada, había que empezar a interactuar para hacer que la noticia llegara lo más lejos posible.

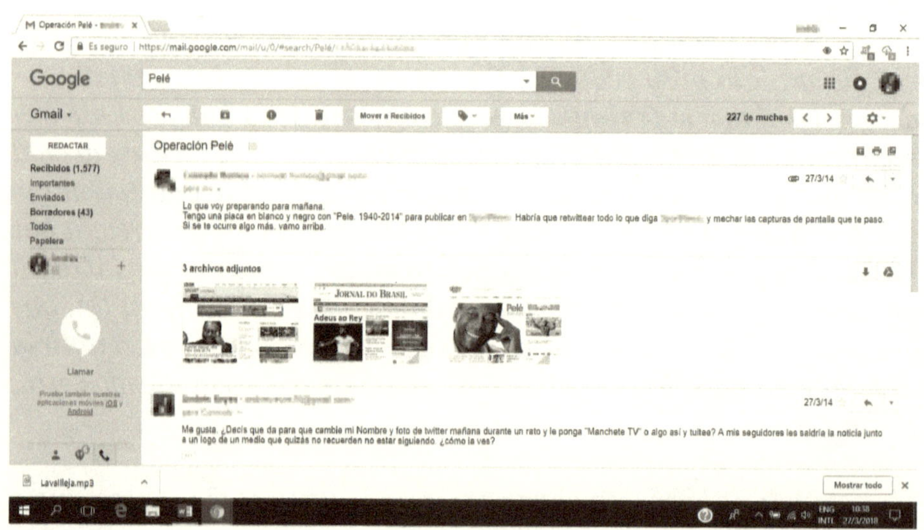

Lo que voy preparando para mañana.
Tengo una placa en blanco y negro con "Pele. 1940-2014" para publicar en ███████. Habría que retwittear todo lo que diga ███████ y mechar las capturas de pantalla que te paso. Si se te ocurre algo más, vamo arriba.

Ma gusta. ¿Decís que da para que cambie mi Nombre y foto de twitter mañana durante un rato y le ponga "Manchete TV" o algo así y tuitee? A mis seguidores les saldría la noticia junto a un logo de un medio que quizás no recuerden no estar siguiendo. ¿cómo la ves?

Las **fake news** se han convertido en un problema de nuestra era. La promesa de un mundo conectado y mejor, empieza a mostrar sus miserias. No son más que las miserias del ser humano, animal desconfiado, mentiroso, prejuicioso, violento y ambicioso por naturaleza. Todo ese arco iris virtuoso que nos prometió la arquitectura de la red tiene su contracara. Es la red el lugar donde también se agigantan las brechas existentes en el offline. No solo se reproducen, sino que se agigantan.

La mentira existe desde siempre. Y siempre ha sido un arma utilizada por los dueños del sistema para perpetuarse y profundizar sus lugares de poder. "Miente miente, que algo quedará" es la frase que describe mejor al ser humano en el lugar de su más desnuda codicia e inmoralidad (incluso en los términos de moral establecidos por el propio ser humano): los puestos de autoridad. Somos una especie que no solo ha dado lugar a una figura como Hitler, sino que se describe mediante una frase de Goebbels, su principal ideólogo. La propaganda no es otra cosa que una gran noticia falsa, eso que parece tan nuevo y nos atormenta. La propaganda supone realzar una figura o régimen; y eso solo se puede hacer mintiendo en todas sus formas: la omisión, el recorte, el ocultamiento, y la deliberada creación de hechos, personas y objetos que no existen en la realidad.

Solo que ahora, con la gran diversificación y el generalizado acceso a dispositivos baratos y sencillos, y la posibilidad de generar contenidos y divulgarlos, se ponen de relieve de una forma que adquiere nuevas expresiones y un gran impacto sobre la cotidianidad de las personas. No se sabe qué hacer para limitar la proliferación de las fake news; principalmente porque está en crisis el sistema de castigos -legales y morales-, y porque hemos adquirido una piel distinta para comprender que estamos sumergidos en un mismo magma que contiene lo real y la fantasía. Los límites son lo suficientemente difusos, y no alcanzan para convencernos de contenernos a realizar noticias falsas. Claro, hay cosas más problemáticas, hirientes y complejas que otras; hay mentiras con peores consecuencias y más difíciles de recuperar.

En el contexto en el que los medios masivos de comunicación se prestan para ser propagadores de noticias falsas diseñadas por el poder, y en el que el poder nos bombardea con este tipo de productos para mantenernos con miedo, controlados, ilusionados o "bendecidos", es liberador ver cómo ese poder mediático se revuelca en su propia mierda y come dosis inesperadas de su propia poción. Un gesto rebelde y justiciero de un grupo de jóvenes rasga el sistema, lo invade, se burla de él desde adentro de su propio núcleo, y sale caminando, canchero, dejando knock out para siempre la confiabilidad de aquello que nos vendieron como objetivo e infranqueable. La derrota de un bastión de ese poder vetusto como es la propia CNN, es un símbolo romántico de una victoria mínima, reconfortante, que devuelve por un instante el poder a los anónimos de siempre, y que deja latiendo la fragilidad de lo establecido, deja al descubierto la mediocridad de los dueños del capital simbólico, y posa la duda para siempre sobre quienes nos obligaron a no dudar nunca de ellos.

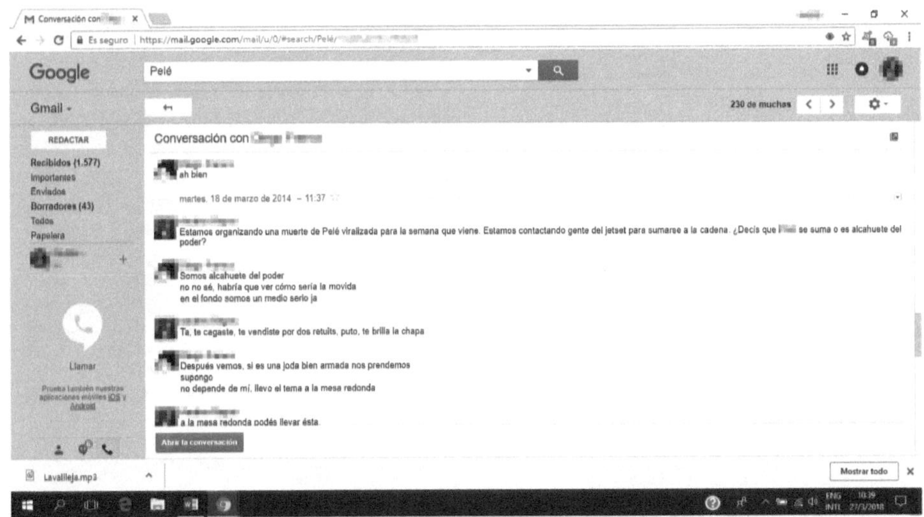

EL
DIA_P

Limon @limon_con_sal17

Pele? No ! I think im going to cry

7:45 PM - 28 Mar 2014

Anón_#3:

- Y bueno, finalmente pasó. Llegó el día y la hora señalada y allá salió la noticia y los favoritos y retweets atrás de ella. Yo realmente en el momento no me acuerdo bien qué estaba haciendo: solo cumplí mi rol por un rato y después no sé, creo que me acosté de nuevo. Hasta que ya pasado el mediodía empiezan a caer mensajes de los demás miembros del grupo, mails con links a notas y capturas de pantalla y pa, y me cagué de risa. Hasta que apareció la noticia que involucraba a la CNN y ahí tengo que reconocer que por un momento me corrió un friíto por la espalda.

No era para menos. Lo que había surgido como una broma, había cobrado tintes complicados. La mera posibilidad de hacerlo, porque las herramientas hoy las tenemos a la mano, había llevado la cuestión a un terreno peligroso hoy en día, que es el de la proliferación de una información, incontrolable como un reguero de pólvora, y que con el correr de los retuits y republicaciones va ganando en verdad, confirmándose, afianzándose como parte de la realidad. Solo lo podía deshacer la confirmación de que Pelé seguía vivo, dicho de su propia boca. Aunque así y todo habrá quienes -una vez regada la noticia- desconfíen también sobre la veracidad de la desmentida. El mecanismo funciona así: ¿para qué van a decir que murió Pelé si es mentira? ¿No será que ahora dicen que no, para esperar a dar la noticia de mejor manera y prepararle un mejor homenaje? ¿Cómo pensar que aunque apareciera la propia CNN desmintiendo y Pelé hablando, eso era verdad, y no lo otro que se habría filtrado?

¿Sabe usted, a ciencia cierta, que Pelé hoy está vivo?

Rupert Fryer ✔
@Rupert_Fryer

Follow ⌄

@SportNewsAtLive so where were you getting all those mocked up screen grabs of major outlets reporting 'Pele's death'?

8:34 PM - 28 Mar 2014

Anón_#2:

*- No me acuerdo si decidimos fijar un día específico o simple-
mente esto salió el día que entendimos que ya estaba todo pronto,
las cuentas ya habían empezado a tener respuestas y un número de
seguidores considerable, teníamos prontos los materiales de apoyo
que habíamos diseñado y ta, dijimos, es mañana de mañana y así
fue. La verdad que no podíamos haber elegido un día y una hora mejor. Acá tuvimos un golpe de suerte que nos ayudó mucho y que no lo
esperábamos, pero a veces en estas cosas la suerte es una aliada.*

Siempre hay un factor de azar en las grandes conquistas. El error y el accidente son azar devenido en tragedia. El azar que desvía de lo previsto. Pero de ese error o ese accidente es de donde han surgido los más importantes descubrimientos, invenciones o creaciones. Las historias son conocidas: la manzana cayendo sobre la cabeza de Newton; Colón intentando ir a las Indias por el otro lado; Magallanes encontrando un atajo a su travesía; la criada de Rosas dejando más tiempo en el fuego la leche hasta que se convirtió en dulce de leche.

No importa aquí cuánto hay de mito y cuánto de verdad en esas historias. Lo cierto es que la suerte, lo imprevisto, es un componente clave en los grandes acontecimientos. Que lo neguemos es solo por nuestra obstinación humana de tener todo bajo control y en las esferas de lo racional.

Pero asumámoslo: por qué una cosa funciona y otra no, una tiene éxito y otra no, en condiciones similares, sigue siendo un misterio. Como también lo es por qué lanzaron el 28 de marzo de 2014 la noticia falsa, y fue clave que fuera en ese momento. No fue algo previsto, escapa a la planificación, y sin embargo fue clave para el éxito de la cruzada.

Tampoco entenderemos, por más algoritmos y explicaciones racionales que se intenten inventar desde la teoría, por qué algo es exitoso en Internet, ni a ciencia cierta qué caminos transita hasta llegar a cada rincón; por qué determinado contenido explota y otro no. Todo tiene un componente de azar, imprevisto, error, accidente. Estos imponderables, parecidos a la magia, forman parte del devenir y se combinaron para que aquella broma expresada en un tuit trascendiera los propios márgenes de lo previsto y de lo posible. Permitieron a un grupo de anónimos en Uruguay generar un acontecimiento que remeciera al menos unos minutos el mundo, y dejar su marca en la historia, ese largo texto plagado de injusticias, fracasos, datos incomprobables, noticias falsas y posverdades.

LAS PARTES DE LA NOTICIA

Los productos estaban listos.
Las cuentas de Twitter con su gráfica, y las apócrifas tapas de diarios ya estaban haciendo su trabajo.

Edson Arantes do Nascimento, Pelé, morreu aos 74 anos. A inesperada notícia move o mundo do futebol, a poucas semanas do início da Copa do Mundo no Brasil.

globo.com
encontre na globo.com
buscar
notícias   esportes   entretenimento   mulher   tecnologia   vídeos
ASSINE JÁ   CENTRAL   E-MAIL   ENTRAR
Pelé
1940-2014
globo.tv   BBB
ASSISTA AGORA   01:25
Um dor que se espalhou
para o mundo inteiro
SPORTV   GNEWS   MULTI SHOW   gnt
mais vídeos
O mundo lamenta
a morte do Rey
Pelé: imagens
Dilma declarou
três dias de luto;
preparan funerais
Vida de um
Campeão em
vídeo.
BBC
News   Sport   Weather   Capital   Future   Shop   TV   Radio   More...   Search
SPORT FOOTBALL
Home   Football   Formula 1   Cricket   Rugby U   Tennis   Golf   Athletics   Cycling   All Sport
Live Scores   Results   Fixtures   Tables   Gossip   Transfers   All Teams   Leagues & Cups   World Cup 2014   European   African
ADVERTISEMENT
DESLUMBRATE CON UN MAR
DE SIETE COLORES
COLOMBIA
6 cuotas
U$S 139
LAN   TAM
¡COMPRÁ AHORA!   Ver condiciones en LAN.com
Headlines
MAN UTD
Everton coach Sheedy
criticises Moyes
TOTTENHAM
I need Spurs patience -
Sherwood
English players in
match-fixing ban
LIVERPOOL
Liverpool genuine
contenders - Gerrard
RANGERS
King gives Rangers
financial deadline
Video & Audio
When will Man Utd
win the title again?
Liverpool are title
contenders - Gerrard
Former soccer star
Pele dies at 74
Brazilian soccer star Edson Arantes do Nascimento, Pele,
died at 74 years old due to a heart attack, said a spokeperson
ADVERTISEMENT
Hosting 100% WordPress
Instalación fácil en 2 CLICS

Anón_#2:

- Así fue que a la hora señalada yo -que era el que manejaba la cuenta principal- sería el encargado de tirar la noticia de la muerte de Pelé y el resto de las cuentas comenzaría a hacer su trabajo. El siguiente paso, sería comenzar a subir las portadas falsas de los diarios brasileños que habíamos falseado, para así empezar a reforzar la noticia inicial y apoyar su veracidad, en realidad sería apoyar la mentira. Bueno, es raro este mundo de las noticias falsas, pero este paso no llegamos a darlo del todo, todo pasó muy rápido y cuando nos dimos cuenta nos había tapado el agua.

Anón_#1:

- Todos o casi todos estábamos en nuestros respectivos trabajos ese día y a esa hora, y bueno, ahí empezó todo, la noticia se lanzó y empezamos a difundirla. Lo que sí no esperábamos fue que corriera con tanta velocidad y que llegara a donde llegó.

Muchos medios comenzaron a hacerse eco de la noticia y mucho público o cómo se le digan a los consumidores de Twitter comenzaron a comentar la noticias, la gran mayoría de ellos con mucho pésame, otros que decían que no era verdad y hasta hubo los que de alguna manera se alegraron y esto tiene que ver quizás con unas de las razones que nos llevó a elegir a Pelé y no a otro personaje para esta operación.

Pero la cosa cambió cuando vimos que el tweet original que habíamos colgado como inicio de todo esto había sido levantado y posteado como propio por una cuenta de la CNN.

En las mañanas, la CNN emite un programa que se llama *New Day* -una especie de talk show informativo- y en un momento vemos que la cuenta de Twitter *@NewDay* había posteado la noticia que habíamos lanzado, pero literalmente había copiado y pegado el texto original de tweet. Eso sí, se tomaron el trabajo de cambiar la foto. Nos dimos cuenta de esto enseguida, porque bueno, reconocimos el texto -más allá que era muy genérico- pero sobre todo porque después del post original, nos dimos cuenta que la noticia inicial tenía un error, y este se repitió en el tweet de la CNN. El tweet inicial decía: "#BREAKING: Brazilian former soccer player, Pelé dies at 74", pero estaba mal: nos habíamos equivocado ya que en realidad a ese momento Pelé tenía 73 años. Tal fue la locura de la noticia, su trascendencia, que llevó a que una cadena como la CNN cometiera semejante disparate.

New Day @NewDay · 28 Mar 2014
#Pele representative tells CNN he is alive and very well.
15   103   32

New Day
@NewDay
Follow
We deleted an earlier and erroneous tweet on this topic. We regret the error and thank our followers for the feedback.
11:10 AM - 28 Mar 2014
42 Retweets 12 Likes
10   42   12

Tweet your reply

San Cadilla @SanCadilla · 28 Mar 2014
Replying to @NewDay
Y el programa de #CNN @NewDay "mata" a @Pele en Twitter por error
Translate from Spanish

New Day
@NewDay
Follow
#BREAKING: Brazilian former soccer player Pele dies at 74 pic.twitter.com/zwbNnxtCYw
Reply   Retweet   Favorite   More

Pero acá es donde el golpe de suerte que tuvimos fue clave. Tal parece que muchos medios -obviamente suponemos que la CNN también lo habrá hecho- trataron de chequear la noticia (esto lo leímos no sé bien dónde tiempo después) tratando de comunicarse con el propio futbolista o alguna persona vinculada llamándolos por teléfono, pero ni Pelé ni sus contactos más cercanos contestaban. ¿Qué es lo primero que uno tiende a pensar cuando alguien al que llamamos por teléfono no contesta? y... que está muerto, ¿no?

Y bueno, ese fue el espaldarazo final para que todo llegara a donde llegó. Esa mañana y a esa misma hora Pelé se encontraba junto a Cristiano Ronaldo en un avión rumbo a New York. Habían rodado un comercial para Fly Emirates y se haría el lanzamiento en esa ciudad contando con la presencia de los dos protagonistas. Así el astro del fútbol brasileño estaría charlando amistosamente y contando ricas anécdotas de su carrera a su colega mientras el mundo estaba lamentando su fallecimiento. ¿Que linda escena esa, no?

Los miembros del comando se ríen de esta situación, exponiendo aún más al ridículo a la CNN. Sí, un grupúsculo de uruguayos anónimos riéndose aún hoy de la cadena de noticias más importante del mundo. Y lo hacen con justa razón: el azar ayudó a que en el momento de lanzado el tuit, Pelé estuviera arriba de un avión y no pudiera contestar. Ahora bien: no parece raro que Pelé esté en un vuelo, y menos que no le conteste el teléfono a alguien. Cómo concluir de eso la confirmación de su muerte es algo que solo se explica por la ambición del periodismo y la locura a la que la velocidad de las redes nos llevan: más vale equivocarse que no tener una primicia. Preferible decir que alguien está muerto sin lograr chequearlo, que perderse este notición. No importa que no sea verdad: es un notición. He aquí la paradoja de nuestros tiempos.

Adicionalmente, el miedo a llegar tarde con una noticia de esta envergadura es tal que ciega por completo a periodistas, productores y editores que urgidos por la competencia, la instantaneidad y la posibilidad de un golpe mediático mundial, publican una noticia así por haberlo visto en un tuit de una cuenta falsa, y evidentemente poco confiable. El miedo a no contar con la noticia, o llegar cinco minutos tarde a ella, es lo suficientemente irracional como para poner en riesgo la credibilidad de toda una institución. Este acontecimiento nos da elementos concretos para que no podamos darnos el lujo de creer en la CNN nunca más. El resto de los medios masivos están a prueba; pero es difícil volver a confiar en alguno.

Anón_#1:

- Recuerdo que acto seguido mientras pasaba todo esto, lo primero fue asustarme un poco, porque cuando ves que un medio como la CNN está difundiendo una cosa así, da para cagarse un poco. En realidad lo primero que pensé fue: "alguien se va a quedar sin trabajo por culpa nuestra" y después: "vamos a borrar todo que se nos viene la noche", más sabiendo que habíamos utilizado las computadoras de nuestros trabajos para todo esto. A su vez lo bueno de esto era que la CNN había hecho como propia la noticia que habíamos inventado y esto de alguna manera nos ponía a salvo. De todas maneras, tratamos de borrar todo evidencia de lo que habíamos hecho.

Otra cuestión se nos habilita a esta altura del suceso: ¿se puede borrar la huella de lo producido en Internet? Así como todo es publicable, y el mar de información nos ahoga y nos confunde. ¿Es posible borrar el rastro de nuestra conducta en la red? ¿Es posible detener el efecto dominó de una noticia como la de la muerte de Pelé? Las rectificaciones de la CNN, el borrado del tuit original, y hasta el olvido de la anécdota en la opinión pública no alcanzan a eliminar la historia. Hoy una simple búsqueda en Internet sigue arrojando contenidos y textos de diversos medios sobre aquellos minutos en que la estrella del fútbol estuvo oficialmente muerto para todo el mundo.

Anón_#2

- El lanzamiento del comercial del Fly Emirates fue algo que ya se venía promocionando días anteriores, esto lo supimos después que pasó todo esto y ayudó quizás, lo que pasó es que sin saberlo nos estábamos subiendo a un carro que no teníamos idea, porque #Pelé iba a estar en la búsquedas todo el tiempo.

Y bueno, fue gracias a esto que los periodistas a la hora de querer chequear la noticia no pudieron dar con él directamente ni con su agente: estaba en pleno vuelo a New York. Pero lo mejor de todo es que el éxito de esto se lo debemos a la CNN que nos dio una gran mano al levantar la noticia y hacerla circular. Porque ese fue el aval definitivo para que ya no quedaran dudas sobre la noticia, porque ahí ya no éramos nosotros los que lo decíamos, sino que pasaron a ser ellos y fue cuando finalmente la noticia explotó.

La suerte estaba echada, Pelé gozaba de plena salud y descansaba en los cómodos asientos de la clase ejecutiva en un vuelo hacia New York, mientras la cadena CNN le comunicaba al mundo que había muerto, y mientras en varias oficinas de Montevideo no se paraba de tirar cosas a la papelera de reciclaje de las computadoras que habían desencadenado la pseudo tragedia. No obstante, esto seguiría pero tomaría otro rumbo.

Anón_#2:

-Ni bien la CNN publica la noticia, nos empezamos a mandar mensajes entre nosotros y capturas de pantalla de respuestas y reacciones en Twiitter. Fue una sensación muy rara, muy adrenalínica, una mezcla de risas y nerviosismo. Yo recuerdo que era como que no podía estar sentado ni parado, una locura. Entre "no lo puedo creer" y "¡¡qué mierda hicimos!!"; esa era la sensación, mezclada con un poco de miedo también. Fueron minutos muy raros, de mucha excitación.

No habría pasado ni una hora creo desde que lanzamos el primer tweet hasta que la CNN había bajado la noticia y ya publicaba las disculpas del caso. A su vez por otro lado se estaba anunciando que el jefe de prensa de Pelé había convocado a una conferencia para aclarar el tema e informar que el astro se encontraba bien y de viaje a New York.

Bueno, ahí tengo que confesar que fue cuando un poco me cagué, sentí un poco de culpa también. Alguien del grupo comentó: "acá el único que se va a quedar sin trabajo va a ser el Community Manager de CNN". Pero duró poco, lo que hicimos fue retweetear el post de CNN y borrar todos los nuestros, bajar las cuentas y así dejarlos solos en esto, mientras nosotros salíamos corriendo por la puerta de atrás.

Anón_#1

- Recuerdo que habíamos quedado un poco paranoicos y era como que de eso no se podía hablar por un tiempo. Incluso hubo gente que se abogó el logro. Hubo una página que ahora no recuerdo cuál era, que salieron a decir que ellos había matado a Pelé, y bueno nosotros sabíamos que habíamos sido nosotros. Era una victoria que no salimos a festejarla abiertamente porque a decir verdad teníamos un poco de susto. Pero bueno, le fuimos haciendo el seguimiento y viendo las repercusiones. Creo que hasta el día de hoy en Olé hay una nota dando cuenta de la falsa muerte de Pelé por ejemplo. Fuimos guardando cosas, pero bien guardadas, porque lo que prevalecía en ese momento era el susto.

Anón_#2

*- Después de esto, ta, todo lo que ya se dijo, el desmentido de
la CNN y la conferencia de prensa por parte de los voceros de Pelé.
Una "fake news" había matado a Pelé por un rato y la CNN la había
levantado. Ahora la noticia era que la CNN había matado a Pelé.
Ahora que lo veo más a la distancia, quizás tendríamos que haber
asumido un rol más protagónico y haber confesado "el crimen" pero
la realidad es que en ese momento nos cagamos, fue una locura ese
rato en que veía crecer la bola de nieve y cuando ya se empezó a llevar puestas una par de cabañas, listo, cerrá todo. Lo importante es
que pasó y nosotros sabemos que fuimos nosotros. Pero no deja de
sorprenderme que haya tomado un nivel tan global el tema, que se
fuera a difundir tanto. Sabíamos que nos habíamos metido con un
personaje importante, conocido en todo el mundo y al haber creado
las cuentas en inglés tendríamos más chances de que pasara lo que
pasó. Pero íntimamente no pensaba que saliéramos de los medios lo-
cales, los que finalmente ni se enteraron del tema hasta que salió el
desmentido de la CNN. Bueno, tiempo más tarde nos enteramos que
un canal de televisión de Montevideo estuvo a punto de tirar la noticia al aire en uno de sus programas en vivo que salen en la mañana,
pero la cautela o quizás la lentitud de reflejos los terminó salvando.*

Luego de algunas horas entre la risas, nervios, un poco de susto y finalmente un júbilo contenido pero disfrutado y festejado internamente por el éxito de la operación, todo fue volviendo a su cauce normal. Pelé gozaba de buena salud, la CNN pedía disculpas ante el error cometido y la primicia tomaría otro rumbo: ahora la noticia pasaba a ser la noticia en sí misma, la que hablaba del furibundo error cometido por una cadena internacional de noticias como la CNN, una vuelta de tuerca inesperada de este plan que en principio no pretendía más que hacer una broma.

Reading article about how CNN killed off soccer legend Pele because Twitter said so. Oh CNN, the falling continues for you, doesn't it?

7:01 PM - 28 Mar 2014

Anón_#1

- *Nunca perseguimos otra cosa que la de un juego mediático, la de llevar a otra escala esa misma broma que hacía yo hace años cuando decía: "Murió Frank Sinatra" y el tipo se lo creía y era gracioso. No era más que eso; no había un complot para dejar en evidencia la falta de seriedad o no de los medios, o una cosa maligna atrás; no pensamos nunca en nada de eso. Por más que sí, mucha gente se indignó y puteaba, que con eso no se juega, o cosas así, pero en realidad la consecuencia real de todo esto, era una buena noticia, que era que Pelé estaba vivo. Entonces para nosotros del punto de vista moral por más que la gente diga que con eso no se jode, no es una cosa tan jodida. O sea, quizás yo no haría el chiste con la vida de alguien que sí se haya muerto, pero al revés, que sé yo, la vida sigue, Pelé está vivo y se sigue poniendo ese saco rojo horrible para hacer la publicidad del Banco Santander.*

Y acá creo que está lo que me preguntaban antes de ¿por qué Pelé y no otro? Como las grandes cosas de la vida, no tiene mucha explicación, pero tratando de buscarla creo que por varias razones: una, la principal -y esto es algo en lo que coincide todo el grupo- y es que Pelé nos cae bastante mal a todos, por esa postura arrogante y bastante mamadera del poder que tiene, y después porque era una persona que creímos sería conocida en gran parte del mundo -esto ampliaría el rango de posibilidades de que se esparciera la noticia- y después, porque, menos últimamente que se lo ha visto un poco desmejorado, Pelé lucía igual casi que en los últimos 20 años y eso podría hacer que una persona que no se sabe bien qué edad tiene, ni mucho de su salud o alguna posible enfermedad, podría hacer más verosímil que muriera así de una día para el otro.

Anón_#3

- Lo que pasó a su vez junto a la falsa noticia de la muerte de Pelé, es que la noticia dejó de ser esa: ahora la noticia era que la CNN había anunciado que Pelé había muerto. Se transformó en una meta-noticia, pero esto es parte de la posmodernidad en que todo parece ser una noticia y hay medios que se enfocan justamente en otro medios, una cosa muy autoreferrencial y que es muy triste realmente. Al final que Pelé siga vivo o no puede llegar a ser una noticia menor al lado de la que la CNN haya publicado una noticia en la cual Pelé habría muerto y luego se tuvo que rectificar. Ahora la noticia era esta. ¿Y si en una de esas Pelé se moría al rato? Imaginate. Esa sí hubiese estado buena, hubiese empezado un loop de noticias infernal, ¿a quién le ibas a creer? qué faltó, ¿no? Hubiese sido genial que pasara eso, era el fin de los medios quizás.

LO QUE PELÉ NOS DEJÓ

PROYECTOS DERIVADOS

El grupo, pasado el temor inicial, y lejos de amilanarse, sumó proyectos derivados de esta fugaz intervención. La marca *"Murió Pelé"* funcionaba como un sello potente. Había nacido una obra capaz de exceder sus propios márgenes, un símbolo que como un virus podía tomar otros espacios y adquirir nuevas formas.

Anón_#4

-A mi lo que me llamaba la atención, me hacía gracia y me creaba un sentimiento de euforia era la frase: "Murió Pelé", porque me parecía que era la noticia del momento, era la noticia más importante del mundo, y era como el paradigma de la noticia en sí. Cada vez que lo leía me cagaba de risa; era muy fuerte la sensación. Por eso creo que también tuvo éxito.

MURIÓ PELÉ_EL PODCAST

Luego de la operación mediática que por unas horas había matado al astro del fútbol brasileño Edson Arantes do Nascimento "Pelé" y ya amparados un poco en el olvido del acontecimiento, el grupo que lo había gestado decide dar otro giro más a la historia y ahora ya no desde el anonimato, sino directamente desde uno de los canales de difusión que utilizaban habitualmente, en este caso desde Soundcloud.

Desde esta plataforma se comenzaron a publicar episodios de un podcast que a modo de magazine informativo nos iría poniendo al día de, como anuncia en su presentación "a realidade e 'actualidachi' do Brasil". Así fue que nació: *Murió Pelé_El podcast.*

Este producto derivado del movimiento generado en Twitter se comenzó publicando en el mismo blog que inicialmente había alojado el primer intento por difundir la falsa noticia de la desaparición física del Rey Pelé y difundido por los canales habituales en las redes sociales que el grupo solía utilizar. A su vez se lo logró publicar en un especie de catálogo de podcast online bajo el nombre *argentinapodcastera.com.ar* que se encarga de hacer visibles diferentes propuestas en este formato. Así es que el podcast comenzó a circular y a hacerse más escuchado.

Anón #4:

- Las ideas nunca se saben a ciencia cierta de dónde surgen, es como que todo el tiempo estamos en un proceso de tratar de inventar algo; uno tira una cosa, otro la recoge y la devuelve con otra forma y así sigue el proceso hasta que al final termina convertida en algo o la gran mayoría de las veces en nada. "Otra buena idea que termina en la nada" solíamos decir y hasta llegamos a instalar un premio para ese tipo casos.

El 24 de setiembre de 2014, seis meses más tarde de la operación MP, salió al aire el primer episodio del podcast, que a la postre se convertiría en una serie de 13 episodios publicados.

Escuchar aquí

Anón #2:

- La idea del podcast en portugués. Empezó conmigo escribiendo todo un día los comentarios del blog en portugués, entonces me puse a hablar en portugués y ahí se me ocurrió grabar y armar algo. Y el tema de Pelé era cantado porque despues de lo que había pasado en Twitter con la noticia, se imponía hacer algo más con eso.

Anón #4

- Cuando salió el primero de los podcasts -que fue por pura impronta de Anón#2- no lo podía creer, me reí mucho y le dije, esto no puede quedar en esto, vamos por más. Y ahí empecé a guionar los siguientes episodios. Desarrollamos una lógica en el relato, mantuvimos el presentador, una especie de voz que guía la narración y presenta las noticias que luego se desarrollarán en el podcast. Básicamente consta de dos bloques en los que se presentan dos noticias, sus características y se hacen comentarios al respecto. Una de ella siempre, en cada episodio, daría cuanta de la desaparición física del astro del fútbol brasileño, bajo diferentes condiciones, en diferentes lugares, por distintas causas, pero en definitiva Pelé había muerto. Y la otra noticia se armaría en función de

hechos relevantes del acontecer político, social, o lo que nos pareciera como importante en ese momento como para apoyarse e inventar algo al respecto. Porque la lógica no era la de dar la noticia tal cual fuese, sino que fuera una especie de parodia de la misma e incluso, muchas veces hasta se mezclaron hechos o noticias que ni siquiera fueron de Brasil, sino que hicimos como una especie de adaptación de noticias al ámbito brasilero. Lo importante era que el relator fuera brasileño y hablase portugués; el resto tanto daba.

Anón #2:

- La verdad que nunca pensé que llegáramos a hacer tantos episodios. Por lo general nos aburrimos rápido de las cosas, pero ta, en este caso la verdad que nos divertía mucho hacer esto. Ya había hasta determinado una secuencia en el trabajo: grababa los textos en el teléfono cuando llegaba a mi trabajo. Como iba en mi auto al trabajo, iba un rato antes de mañana y dentro del auto parado en el estacionamiento, ahí grababa los textos que luego editaba. Más de una vez pensé que había enloquecido, cuando me veía a las 7 y media de la mañana dentro de un auto hablando portugués a los gritos diciendo cualquier estupidez, una locura. Y nada, así fueron pasando

episodios que los empezamos a subir al Soundcloud y a difundirlos. También se fueron sumando otras ideas y otros amigos, y de la versión original en portugués empezaron a surgir derivados internacionales del producto. Así, hubo una versión italiana, otra norteamericana, una chilena, una argentina y hasta una cubana que para mí es la mejor de todas. Siempre respetando la consigna de que una de las noticias tendría que ser la muerte de Pelé; el resto quedaba a criterio de quien lo hiciera.

Murió Pelé, el podcast, tiene 13 episodios, y fue una de las experiencias más ricas creativamente hablando que surgió del colectivo, una consecuencia derivada de aquello que a principios de año se había originado con la operación en redes sociales.

MURIÓ PELÉ_EL LIBRO

Una vez terminado el ciclo de podcasts, otro de los desafíos como proyectos derivados de esa primera intervención fue hacer un libro. Un libro que recuperara esta historia, recogiera los testimonios de sus protagonistas y registrara para siempre todo el proceso de gestación, producción e implementación del golpe, como así sus efectos.

La idea del libro nació de un diálogo entre sus dos autores, conocedores de esta historia, admiradores de sus responsables, que de pronto notaron que esto, que ya era parte de la historia, debía contar con un nuevo empujón que le diera el reconocimiento merecido. Asimismo, funcionaría de archivo definitivo para contener y salvaguardar los productos realizados y los impactos obtenidos a nivel internacional. Una suerte de mixtura entre álbum de recuerdos, prontuario y manual para los nuevos tiempos. Por lo mismo, se haría un análisis de aquello que desde la práctica, los realizadores nos legaron: ¿qué habían hecho realmente con este gesto orquestado? ¿qué nos estaban diciendo sobre el mundo que nos rodea? ¿sobre qué nos estaban alertando, casi sin saberlo?

La publicación, por supuesto, se llamaría Murió
Pelé y su diseño, acorde a los productos de la marca, sería lo suficientemente impactante como para conmover
a quien se lo encontrara en una vidriera de una librería
o en Internet. Ese gran proyecto de libro, es ni más ni
menos lo que usted tiene en sus manos.

LA POSMENTIRA

Anón_#1

- Tuvimos algún otro intento de hacer algo por el estilo, con otras personalidades o con otros acontecimientos -la lista definitiva del mundial de 2014 donde quedaba afuera Luis Suárez por ejemplo- pero nunca con la repercusión de este caso. Ahora lo que pasa es que todo es más fácil de chequear, en ese momento no sé, es raro esto, porque parece que estuviera hablando del siglo pasado, pero sí es verdad que las cosas pasan ahora a una velocidad que hace tres años no, es como exponencial esto creo. También creo que ahora la gente desconfía más, al haber tanta información y por tantos canales, todo se vuelve muy confuso; bueno, sin ir más lejos es lo que tratamos de hacer con todo esto. Pero a lo que iba es que quizás nuestra generación y ni que hablar las anteriores, vienen de la tradición de la tele y de los periódicos. Era tipo "si está ahí, es cierto" y eso se empezó a relativizar ahora. Quizás le embocamos a una suerte de limbo, hoy está lleno de cosas así, nos llega información de todos lados y no sabemos ni su origen ni las fuentes y menos si son ciertas. Y no te digo noticias exclusivamente, información en general, datos, números que forman opinión sobre cualquier cosa y que al público que lo con-

sume lo influye a la hora de la toma de decisiones, desde comprar o no una pasta de dientes X hasta la elección de un gobierno. Se ha tornado muy peligroso esto.

Esto también tiene un lado positivo y es que lleva a aquel que tiende a informarse a un rol un poco más activo, que antes era como ta, recibía lo que le llegaba y era eso, podría cuestionarse o no el tema, pero era un proceso más interno, no tenía cómo contrastar la información. Hoy tenés la chance de hacerlo, siempre y cuando lo quieras hacer. Está bueno eso, problematizar un poco el tema, buscar más fuentes y buscar fuentes más confiables como las nuestras en su momento, que por supuesto no lo éramos ni queríamos serlo, más bien todo lo contrario.

Anón_#3

- Si me preguntás de dónde partió esta idea, yo en principio te digo que desde la gracia, desde el humor; pero también desde el lado de generar una reacción en la gente. Ojo, sin mucho norte; era una broma ante todo queriendo confundir por confundir nomás. Hoy estamos llenos de noticias y muchas veces -por no decir en todas- no sabemos de dónde vienen ni quién las genera, más

allá de la obvias quiero decir, te pasan el video del blindado que se afanaron en Sayago y ta es eso, no hay nada que decir al respecto, voy a otro tipo de noticias o información más no sé cómo llamarla, teórica, no sé, más cosas que encierran conceptos atrás y terminan creando una corriente de opinión.

A ver, esto que hicimos no dejó de ser una broma, que a algunos no les gustó y comentaban que era una vergüenza haberse metido con una muerte y jugar con la gente, que era una falta de ética total, etc. Pero no ponen los ojos sobre los grandes medios, o no tan grandes y comen cualquier cosa que les tiran. ¿Cuál es la política de transparencia y de ética de esas cadenas? Finalmente la CNN dijo que había muerto Pelé cuando no había muerto. ¿Entonces? De ahí para abajo, no queda nada, olvidate.

Es muy peligroso todo esto, sobre todo si se empieza a dirigir a temas políticos, la clásica máxima de una mentira dicha 1000 veces, ¿no? Hoy esto se hace solo, los medios poderosos con la llegada que tienen, todo eso del uso de trolls, yo que sé, es un arma a esta altura y muy poderosa, y está del lado del mal por lo general.

O sea, los medios tienen el poder de instalar una verdad, y esa verdad puede llegar a ser completamente falsa, ¿Cómo termina esto? Hay que mentir hasta que se dé vuelta todo.

El tema, poder generar algo parecido hoy me genera dudas. Por un lado no sé qué me lleva a pensar que es más fácil. La gente está mucho más metida en las redes sociales que en esa época -y eso que han pasado nada más que cuatro años- pero también está todo mucho más contaminado con noticias de todo tipo y todo el tiempo. Creo que de hacerse tiene que ser algo pesado, algo grande, la muerte de alguien y alguien pesado, no puede ser una segunda marca, sino te lo van a tapar de otras noticias de segunda mano que todo el tiempo están circulando. Pero a la vez esto es paradójico, porque una noticia grande hoy es muy fácil de chequear. Hay que repensar la estrategia, y hacer un trabajo como el que hicimos, desde las sombras y preparando el terreno para el gran momento.

Ya llegará.

MURIÓ PELÉ

El término "posverdad" fue incluído en diciembre de 2017 en el Diccionario de la Real Academia Española.

"De pos- y verdad, trad. del ingl. post-truth. 1.f.
Distorsión deliberada de una realidad, que manipula creencias y emo-
ciones con el fin de influir en la opinión pública y en actitudes sociales.
Ej: "Los demagogos son maestros de la posverdad".

Para el sociólogo Félix Ortega, catedrático de la Universidad Complutense de Madrid, la manipulación de la información hace que el público no pueda conocer qué es verdad y qué falsedad:

"Hoy el que algo aparente ser verdad es más importante
que la propia verdad".

Esto se debería a la transformación de la comunicación política en propaganda, la pérdida de principios éticos por el periodismo actual y su sometimiento a intereses totalmente particulares así como la puesta en escena de los políticos hacia el espectáculo, la manipulación y la fragmentación de la ciudadanía. *

Así, si lo planteamos en términos políticos; pero -y quizás sea esto mucho más jodido- también lo es a la hora de comprar una tostadora, sacar un préstamo o simplemente saber o enterarse de algo, por más trivial o trascendente que sea. Bajo estas reglas es que hoy estamos jugando y de esta manera podríamos llegar a afirmar que en realidad y a decir "verdad", **Pelé murió hace rato.**

*Extraído de: acento.com.do / El régimen de la posverdad está entre nosotros /Por: Héctor Rodríguez Cruz.

BONUS TRACKS

En Uruguay ya es más que conocido el caso de un sitio en donde la información pretende buscar un lugar más allá de la noticia misma, y es una herramienta para la sátira o la búsqueda del caos. Nos cuenta su experiencia al respecto:

librumface.com

¿Por qué crear un medio de noticias falsas?

El criterio inicial no fue crear un sitio de noticias falsas (en el entendido de falso como sinónimo de engañar) sino de hacer una sátira de los portales de noticias y, eventualmente, de personajes públicos. De hecho, el nombre Librumface, que no significa nada y remite a un mal intento de traducir Facebook al latín, ya te indica que la idea no era el engaño (sino le habría puesto NoticiasHoy o algo parecido). Lo del "mal intento" fue porque, después de que registré el dominio web, me di cuenta de que el nombre correcto sería Librumfacie...

¿Cómo surgió la idea?

Desde hace unos cuantos años he colaborado en medios gráficos muy chiquitos (revistas zonales, algún semanario de corta vida y cosas así) y el tenor de lo que escribía siempre era el mismo: el humor absurdo (soy fanático de Leo Maslíah, por si te sirve el dato). Hace unos años, una amiga me hizo llegar (a través de Facebook) enlaces a "noticias" de The Onion y El Mundo Today (dos medios satíricos, el primero de EEUU y el segundo de España). La frase que disparó todo esto fue "yo puedo hacer estas cosas". Inicialmente pensé en armar un blog, como para despuntar el vicio digamos, pero enseguida me enfrenté a algunos problemas: un blog es un sitio web "jerárquicamente" inferior a los .com (lo que generaría cierto rechazo de los potenciales lectores) y su diseño difícilmente remitiría a un portal de noticias o diario digital. Por otro lado, siempre manejé la posibilidad de dar espacio a personas que quisieran colaborar (hay muchas notas de Librumface, y hasta secciones, que son escritas o sugeridas por otras personas), y el carácter casi personal de un blog limitaba un poco eso. Así que el paso directo fue crear el sitio .com, sin escalas.

¿Cómo comenzó todo, cuál fue la primera noticia?
No hubo primera noticia. Como habrás notado soy muy de cuidar los detalles y lo primero que pensé es que no se podía poner en marcha un sitio con una noticia sola. Armé media docena, se las di a leer a algunos amigos y las publiqué (en el sitio y con links en las redes sociales). Recuerdo especialmente dos: la de una marca de champú que utilizaría a Bruce Willis como figura principal (en ninguna parte del artículo se hacía referencia de que el tipo es pelado) y otra sobre un supuesto jui-

cio a Petru Valenski; esta la tengo muy presente porque provocó que la producción del programa donde trabajaba Petru me llamaran para preguntarme por la fuente. Nunca pensé que alguien diera por ciertas las cosas que escribía, a tal punto que armé de apuro (después de la llamada y robando el texto de El Mundo Today) una página aclaratoria donde avisa que las noticias son falsas.

¿Cuál fue la primera noticia que disparó mucha repercusión?

Del primer año hubo tres, más o menos simultáneas. La de una pareja que le había puesto Facebook al hijo porque se habían conocido por esa red, la de la princesa Laetitia D'Aremberg que tenía que renunciar al título nobiliario o irse del país y la de la demolición del Palacio Salvo por falta de pagos municipales.

¿Cómo se eligió y por qué?

El tema es recurrente; las notas (no me gusta mucho decirle noticias porque no lo son) que tienen más repercusión casi siempre lo son porque la gente las da por ciertas. Es algo que escapa a mi (o nuestra, en el caso de las colaboraciones) decisión. Dos notas cualesquiera pueden ser idénticas en su concepción, similares en su contenido y una ser un éxito de lecturas y la otra un fracaso. Depende mucho de las redes sociales y, muy importante, que un medio formal la tome por cierta la replique.

¿Cuales fueron las repercusiones?
Según la nota. Hay algunas que fueron una locura dentro de Facebook (medido por la cantidad de vistas del artículo y los comentarios), pero no salió de ahí. Hubo otras que también tuvieron repercusión en los medios (recuerdo especialmente la de un periodista español que vino equivocado a Uruguay a cubrir las elecciones en Paraguay) que me tuvo un par de días recorriendo radios y medios de prensa. Este último caso es la excepción y no la regla, sobre todo a partir de que Librumface se transformó en un nombre, entre comillas enormes, conocido.

¿Dentro de qué ámbito, clase, tipo de noticias entiende que el público reacciona más? Y por qué.
En general las políticas, y especialmente las que incluyen a Mujica. Supongo que esto ocurre por dos motivos: uno, partiendo siempre de la base de que las notas exitosas son las que la gente da por ciertas, porque de Mujica se puede esperar cualquier cosa y dos, al ser Mujica un personaje reconocido a nivel internacional, la nota

siempre trasciende el público uruguayo que es muy reducido como para hacer número. Las notas políticas en general, como siempre generan algún tipo de polarización, también funcionan.

Hay otro factor que hace que una nota tenga más impacto que otras (aunque no lo pueda dominar del todo): el título. En los principios del sitio (2012, quizás hasta en 2013) se daba algo increíble: la nota aparecía compartida en Facebook más veces de lo que realmente se leía según el contador de vistas interno. ¿Por qué pasaba eso? Porque la gente veía en las redes el artículo, leía sólo el título, se indignaba, lo comentaba y lo compartía. Una locura.

¿Cuál sería la noticia -falsa- que desearía que fuera un éxito? Y por qué.

Más que una en particular, mi deseo es que una nota cualquiera funcione, la gente la lea y comparta porque le hizo gracia y no porque se crea que es cierta. Este es el perfil que está buscando Librumface desde hace unos meses y con un caso logré que se diera: la nota más leída de todo el sitio hoy es la de una transcripción de un grupo de WhatsApp del consejo de ministros absolutamente disparatado (cero posibilidades de que hubiera alguien que pensara que era verdad). Bueno, esa sería mi aspiración de aquí en más. Espero lograrlo.

TWEETS FINALES

André @andrecussat · 20 jul.
Tão triste a morte do Pelé #RipPelé
2

DetaquitoZ ha retwitteado
Wagner @wagnerp2 · 20 jul.
Quem dera só assim para melhora nosso futebol #RIPPelé
Ver traducción
1

DetaquitoZ ha retwitteado
Matheus Natzuka @matheusnatzuka · 20 jul.
Descanse em paz! #RIPPelé
1

DetaquitoZ ha retwitteado
Lazarentão™ @gordobroder · 7 ago.
o Pelé com toda certeza deixará um vazio em nossos corações #RIPPelé
1

DetaquitoZ ha retwitteado
Charlles Correa @BetterCallCharl · 7 ago.
CARALHO #RIPPelé
1

DetaquitoZ ha retwitteado
Weslei Vasconcelos @Weslei_Texx · 23 jul.
#RIPPELÉ @Dicas_Corotinho
1

DetaquitoZ ha retwitteado
Klose @q_viaj · 23 jul.
UMA FATALIDADE, UMA PERDA INDESCRITÍVEL, VÁ COM DEUS REI! #RipPelé
Ver traducción
1

DetaquitoZ ha retwitteado

Mariela Menezes ha retwitteado
Grêmio News @GremioNews_ · 20 jul.
VÁ COM DEUS REI DO FUTEBOL! #RipPelé
Ver traducción
3

DetaquitoZ ha retwitteado
mc ferrow @_kaemy · 20 jul.
#RiPPelé
2   1
DetaquitoZ ha retwitteado
Dan @danilobraga09 · 20 jul.
uma pena o rei de batido a nave
1   1
DetaquitoZ ha retwitteado
Figueira Depre @figueiradepre · 20 jul.
Pelé morreu e o Maradona disse que vai se matar pra falar que ele é o melhor
jogador morto.
1   1
DetaquitoZ ha retwitteado
Sr. Tuler @mateuzitos · 23 jul.
caralho o Pelé morreu
1
DetaquitoZ ha retwitteado
G4/4 @barbozaffc · 23 jul.   Ver traducción
E eu pensando que morreria antes dele. Vai com Deus, rei Pelé
1

August 17, 2

HUFF
POST SPC

Edition: U.S. ▼          Follow    Newsletters

FRONT PAGE   POLITICS   BUSINESS   ENTERTAINMENT   MEDIA   COMED

Sports · NFL · College Football · MLB · NBA · NHL · Soccer · Highlights · Fails · Athlete

Don't Worry, Pele Is Not Dead
Otherwise)

The Huffington Post | By Chris Greenberg 

Posted: 03/29/2014 3:45 pm EDT | Updated: 03/29/2014 3:59 pm EDT

st 17, 2015

PORTS

ead (Even If CNN Reported

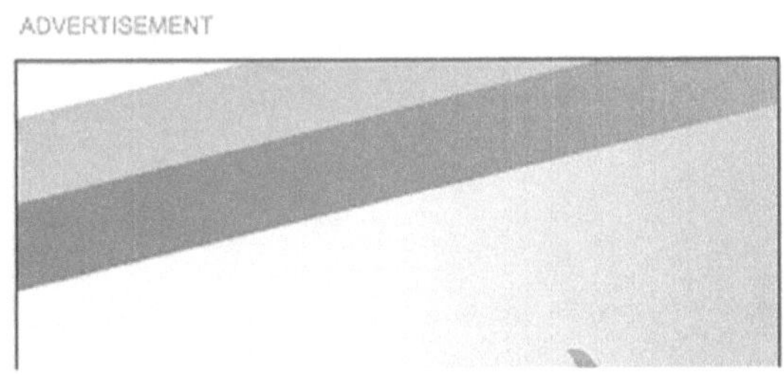